El oso gigante de hocico corto

Julie Murray

Abdo Kids Jumbo es una subdivisión de Abdo Kids
abdobooks.com

abdobooks.com

Published by Abdo Kids, a division of ABDO, P.O. Box 398166, Minneapolis, Minnesota 55439.

Printed in China

102025

012026

Spanish Translator: Maria Puchol

Photo Credits: Alamy, Getty Images, Science Source, Shutterstock,
©Dennis Jarvis p.1/CC-BY-SA 2.0, ©Roman Uchytel p.19

Production Contributors: Teddy Borth, Jennie Forsberg, Grace Hansen
Design Contributors: Candice Keimig, Pakou Moua

Library of Congress Control Number: 2025942214

Publisher's Cataloging-in-Publication Data

Names: Murray, Julie, author.

Title: El oso gigante de hocico corto/ by Julie Murray

Other title: Giant short-faced bear. Spanish

Description: Minneapolis, Minnesota: Abdo Kids, 2026. | Series: Animales de la Edad de Hielo | Includes online resources and index.

Identifiers: ISBN 9798384908937 (lib.bdg.) | ISBN 9798384909514 (ebook)

Subjects: LCSH: Animals--Juvenile literature. | Extinct animals--Juvenile literature. | Ice Age--Juvenile literature. | Paleontology--Juvenile literature. | Zoology--Juvenile literature. | Spanish Language Materials--Juvenile literature.

Classification: DDC 569--dc23

Contenido

La Edad de Hielo

Una glaciación o edad de hielo es un periodo en el que la mayor parte de la Tierra está cubierta por capas de hielo. La última comenzó hace 100,000 años y duró hasta hace 12,000 años. Algunos animales **se extinguieron** durante esta época de la historia.

hielo
tierra

El oso gigante de hocico corto

El oso gigante de hocico corto, también conocido como oso de cara corta, apareció por primera vez aproximadamente hace 1.6 millones de años.

Vivía por toda Norteamérica en una gran variedad de **hábitats**. Podía encontrarse tanto en praderas como en bosques.

Norteamérica
Europa
África
Sudamérica
N
W
E
S

El oso gigante de hocico corto hacía honor a su nombre. Medía cinco pies (1.5 m) a la altura del hombro. Pero sobre sus patas traseras, ¡medía 11 pies (3.4 m)! Podía pesar más de 2,000 libras (907 kg).

oso de
hocico corto
tigre diente
de sable

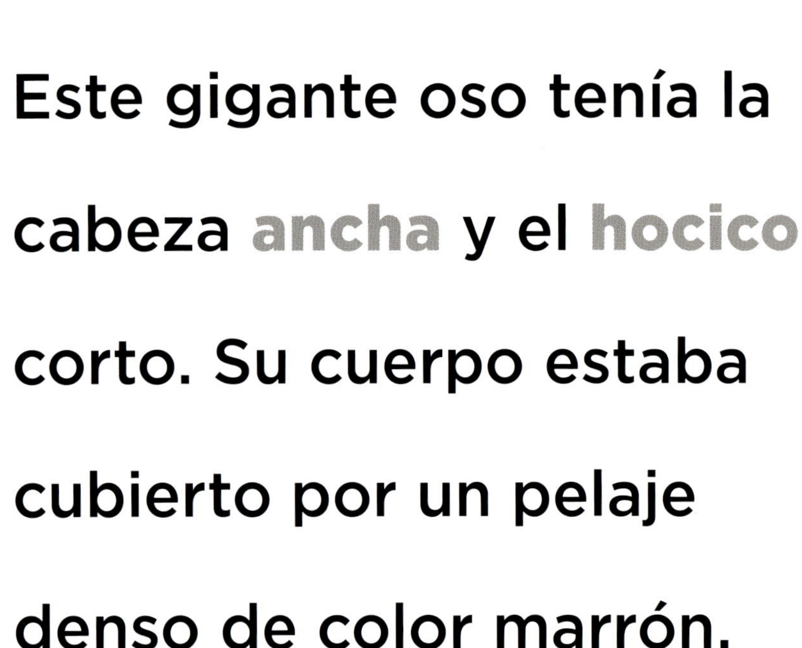

Este gigante oso tenía la cabeza **ancha** y el **hocico** corto. Su cuerpo estaba cubierto por un pelaje denso de color marrón.

oso pardo
moderno

A diferencia de los osos modernos, el oso gigante de hocico corto tenía patas muy largas y dedos que apuntaban hacia delante. Esto le permitía correr a 40 millas por hora (64.4 km/h).

El oso gigante de hocico corto podía morder mortalmente con su fuerte mandíbula. Sus dientes eran largos y afilados. Podían desgarrar fácilmente la carne.

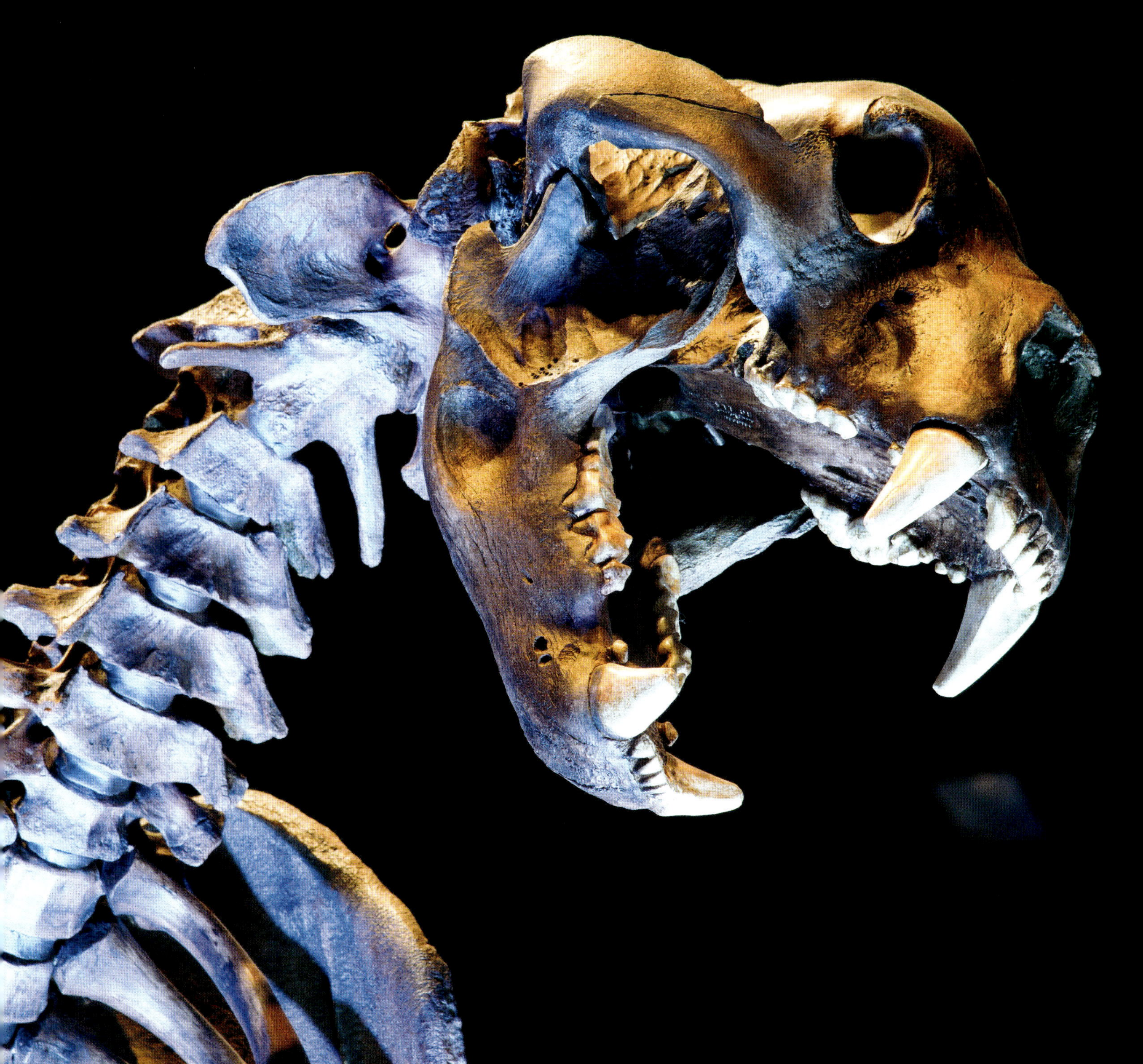

Alimentación

El oso gigante de hocico corto se alimentaba de bisontes, ciervos y caballos. Es posible que también comiera plantas. Algunos científicos creen que el oso era **carroñero**.

Extinción

El oso gigante de hocico corto **se extinguió** hace aproximadamente 11,000 años. Tuvo que competir con otros animales y con los humanos para conseguir comida. No pudo sobrevivir.

Más datos

- Este oso gigante de hocico corto podía comer hasta 35 libras (15.9 kg) de comida al día.
- Los primeros **fósiles** se descubrieron en 1878. Se encontraron en la cueva de Potter Creek, en California.
- Su pariente más cercano es el oso manchado moderno que se puede encontrar en Sudamérica.
- En el Field Museum de Chicago, Illinois se expone un esqueleto completo.

Glosario

ancho - amplio y grande

carroñero - animal que se alimenta de carroña, de carne descompuesta de restos de animales.

extinción - que ya no existe.

fósil - restos de un ser vivo de hace mucho tiempo, puede ser una huella o un esqueleto.

hábitat - lugar donde de forma natural se encuentra un ser vivo.

hocico - parte delantera de la cabeza de un animal que sobresale. El hocico incluye la nariz, la boca y las mandíbulas.

Índice

¡Visita nuestra página **abdokids.com** para tener acceso a juegos, manualidades, videos y mucho más!

Los recursos de internet están en inglés.

Usa este código Abdo Kids

IGK6356

¡o escanea este código QR!